Dieses Buch gehört

Inhaltsverzeichnis

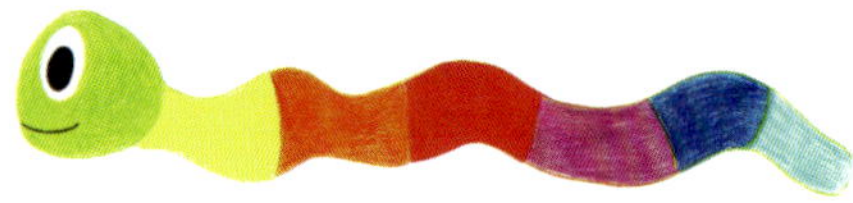

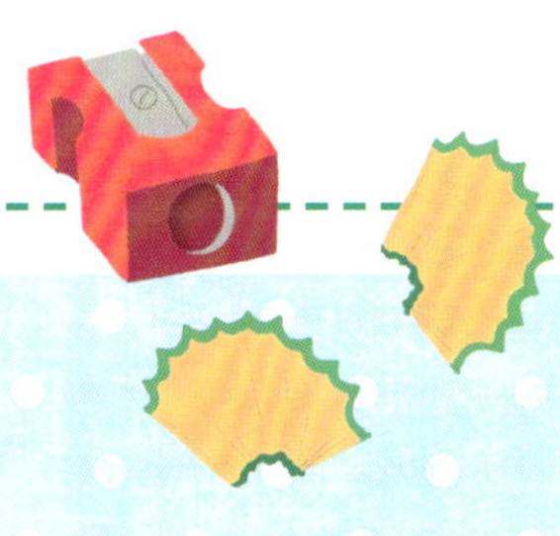

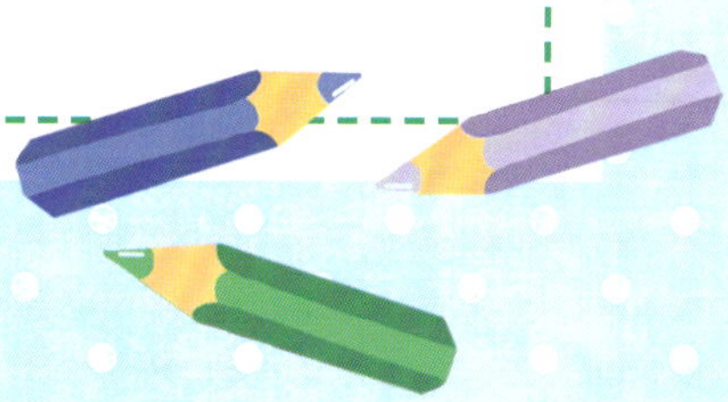

Liebe Zeichenfreunde!

Wir werden sooo gerne gezeichnet! Das ist manchmal gar nicht so leicht, denn wir sehen ja alle ganz unterschiedlich aus. Doch jetzt gibt es endlich Unterstützung! In diesem bunten Zeichenkurs erfährst du Schritt für Schritt, wie du im Handumdrehen ganz viele unterschiedliche Tiere zeichnen kannst. Du möchtest einen Flamingo oder eine Giraffe zeichnen? Ab jetzt ist das kein Problem mehr! Also ran an die Buntstifte und los geht's!

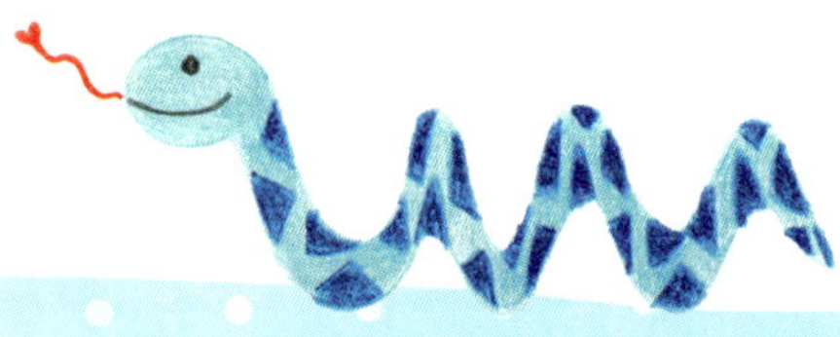

Liebe Eltern!

Das Gute gleich vorab: Dieser Zeichenkurs wurde so konzipiert, dass die Kinder ganz alleine damit arbeiten können. Alles, was sie brauchen, ist ein Stück Papier und Buntstifte in vielen verschiedenen Farben. Je bunter, desto besser!

Sie können sich also ganz entspannt zurücklehnen und beobachten, wie viel Spaß das Zeichnen macht und wie sich die Kinder über ihre schnellen Erfolge freuen! Ganz nebenbei werden durch das Zeichnen das räumliche Vorstellungsvermögen und die motorischen Fähigkeiten der Kinder geschult.

Und wer weiß, vielleicht ist ja auch das ein oder andere süße Tiermotiv für Sie dabei?

Viel Spaß wünschen

Silke & Anna

So einfach geht's!

1. Material

Du brauchst nur Buntstifte und Papier!

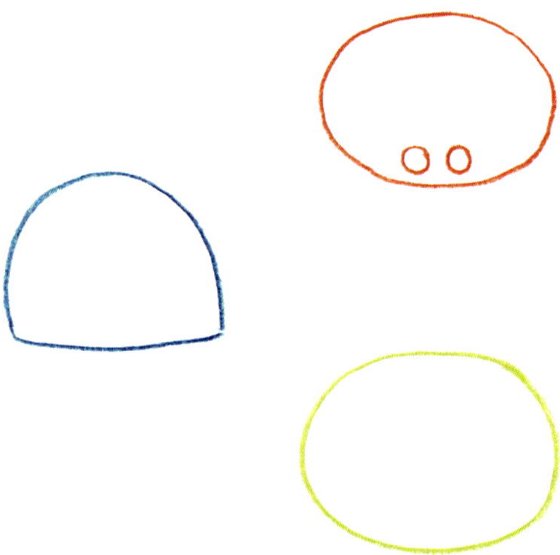

2. Formen

Aus einfachen Formen entstehen wunderschöne Tiermotive!

3. Ausmalen

Manche Tiere bestehen aus mehreren Formen. Der Trick beim Ausmalen ist, dass die Linien verschwinden und so eine neue große Form entsteht.

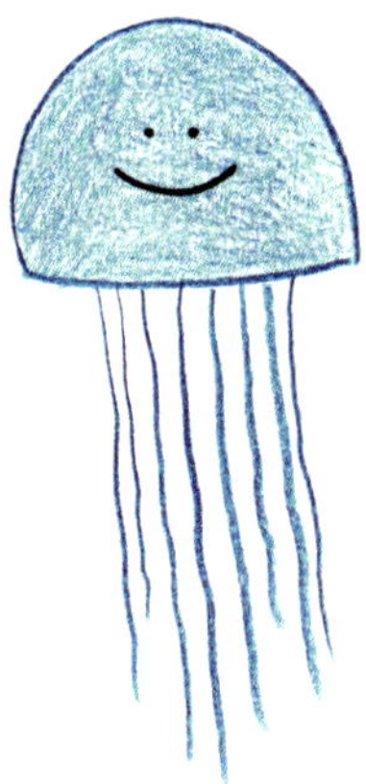

4. Details

Dann zeichnest du noch die Details dazu, und fertig sind die Tiere!

Qualle

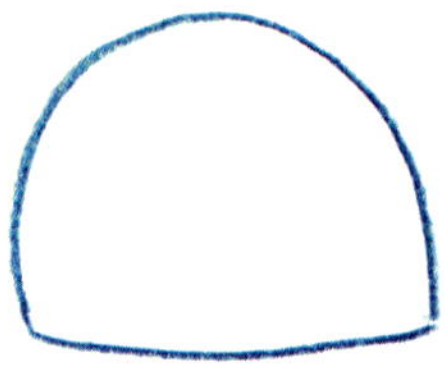

1 Form

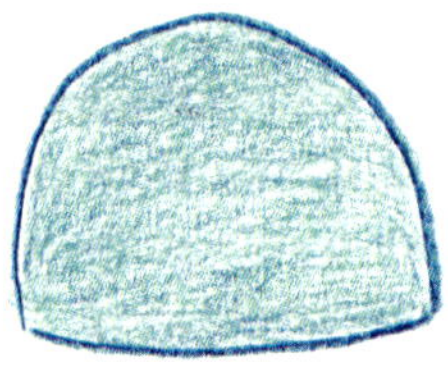

2 ausmalen

3 Gesicht

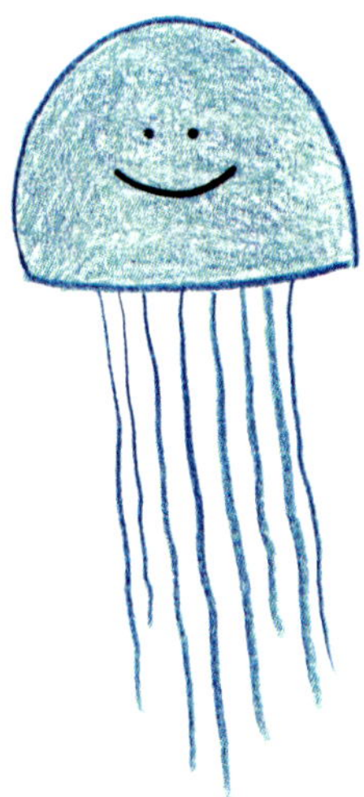

4 Tentakel

5 Blubberblasen

Pinguin

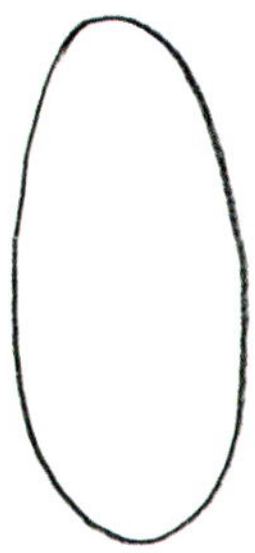

1 Körper

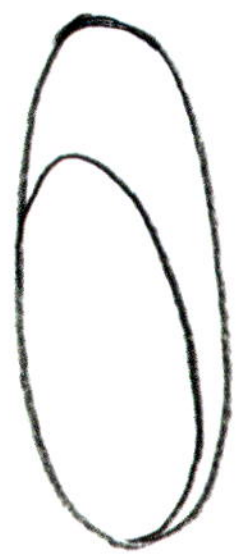

2 Bauch

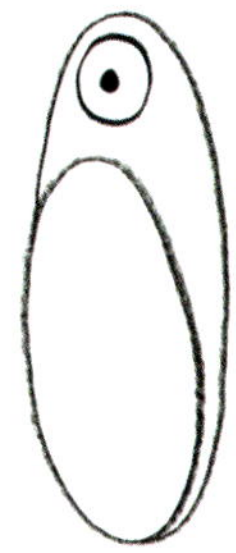

3 Auge

4 Flossen

5 ausmalen

6 Schnabel und Füße

Pitsch, patsch!

7 gelbes Fell

Giraffe

1 Körper

2 Hals

3 Kopf

4 ausmalen

5 Gesicht

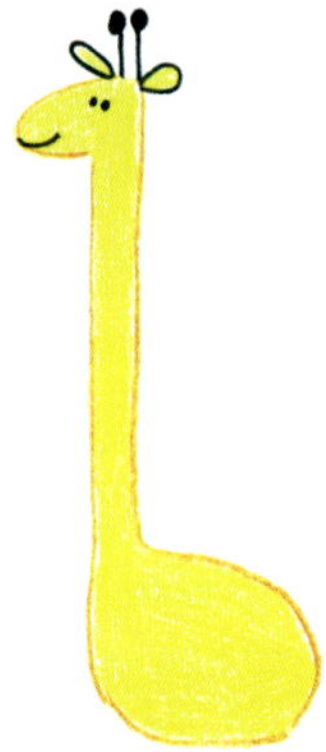

6 Hörner und Ohren

7 Beine und Hufe

8 Flecken

9 Mähne und Schwanz

Tukan

1 Körper

2 weiße Form

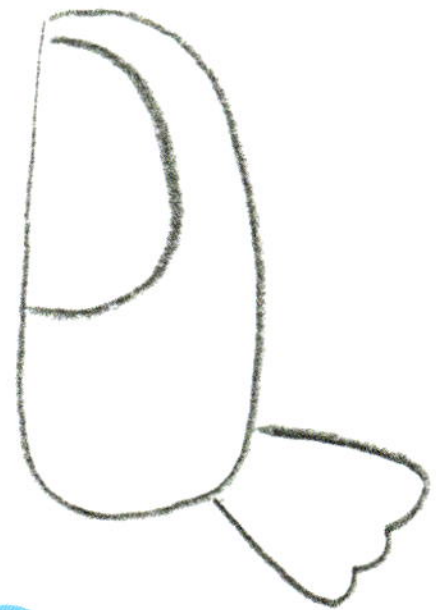

3 Schwanz

4 ausmalen

5 Auge und Füße

6 Schnabel

7 Schnabel mit rotem Streifen

Regenbogenwurm

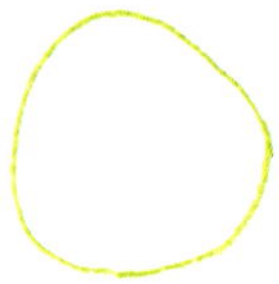

1 Kopf

2 Körper

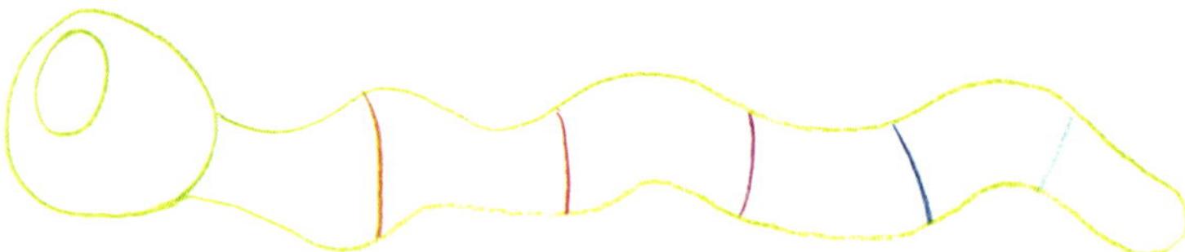

3 Auge und Streifen

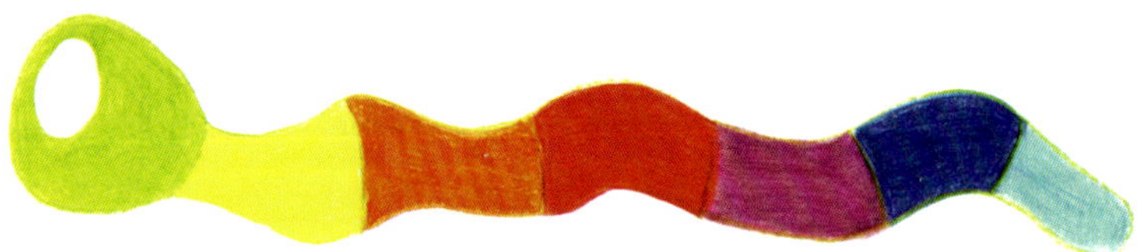

4 ausmalen

Ich bin ein Fantasiewesen!

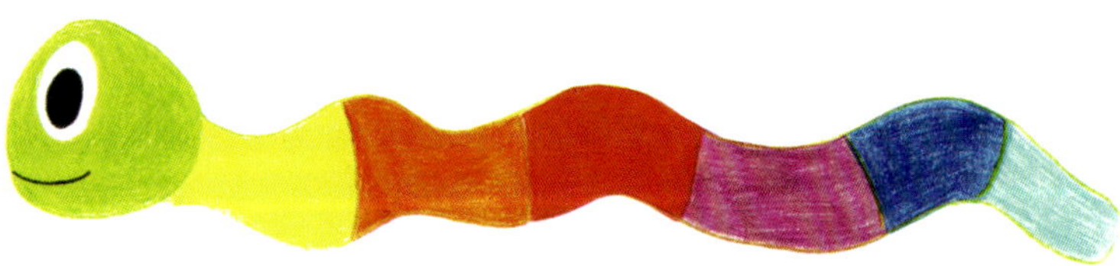

5 Gesicht

Affe

1 Schnauze

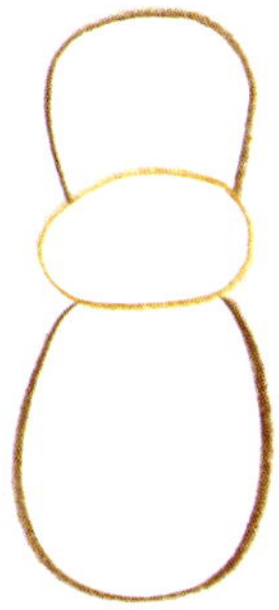

2 Kopf und Körper

3 ausmalen

4 Mund und Nase

5 Augen, Ohren und Haare

6 Arme und Beine

7 Schwanz

Frosch

1 Körper

2 ausmalen

3 Nase und Mund

4 Augen

5 Beine

Schnecke

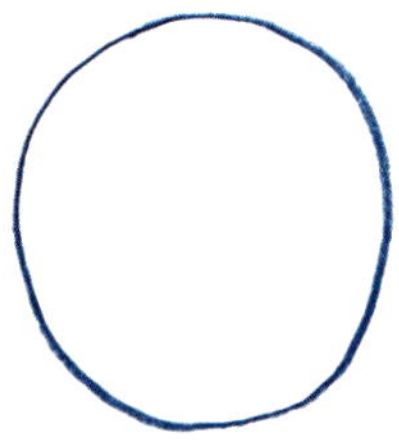

1 Schneckenhaus

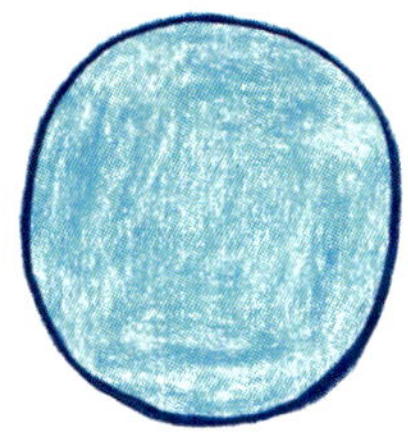

2 ausmalen

3 Spirale

4 Körper

5 Körper ausmalen

6 Mund und Fühler

Eule

1 Körper

2 Gesicht

3 ausmalen

4 Augen

5 Augen und Nase ausmalen

6 Pupillen und Krallen

Löwe

1 Kopf

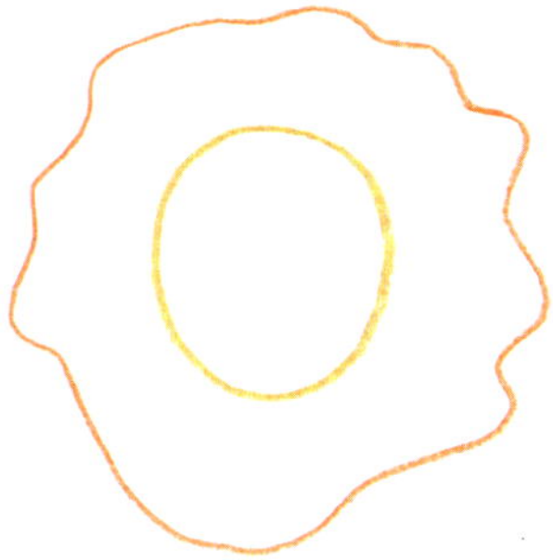

2 Mähne

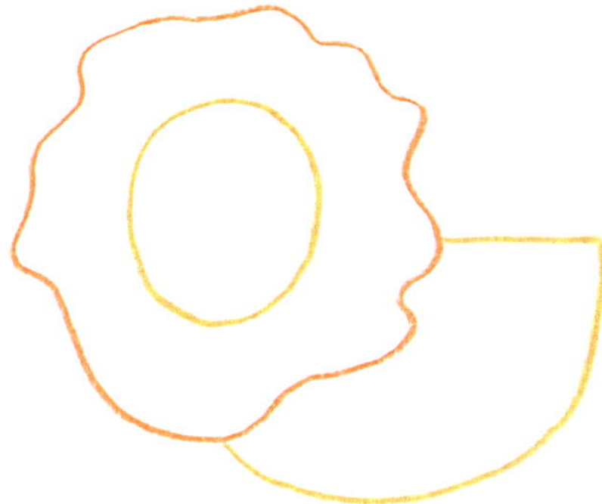

3 Körper

4 ausmalen

5 Beine

6 Schwanz

7 Gesicht und Striche

Schwein

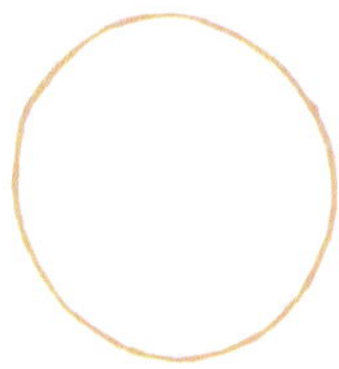

1 Kopf

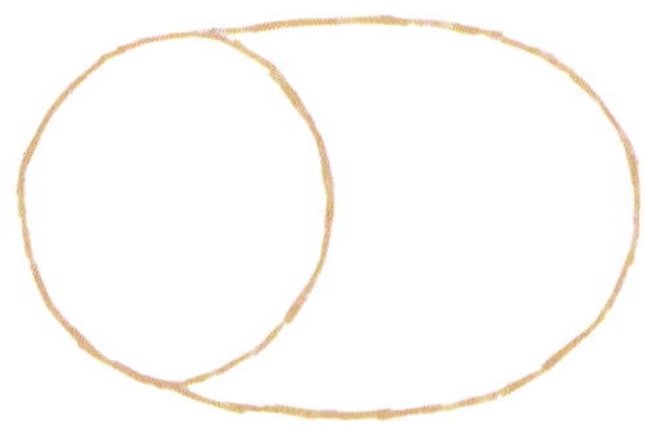

2 Körper

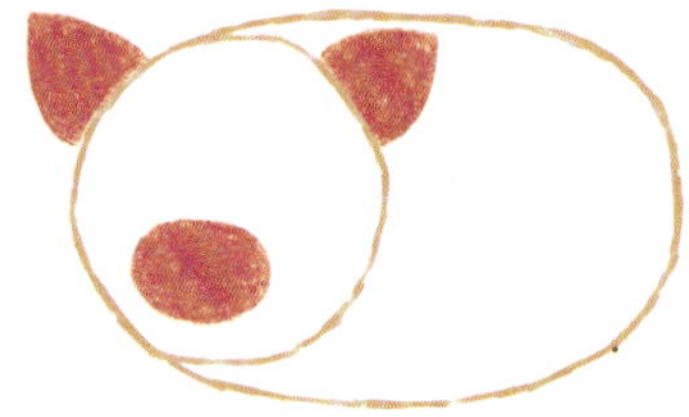

3 Ohren und Schnauze

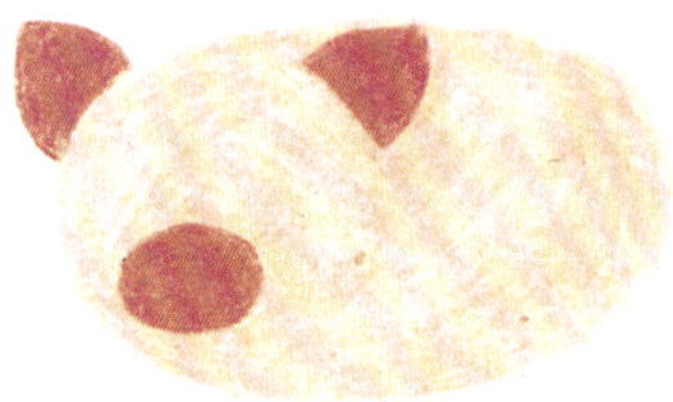

4 ausmalen

5 Beine

6 Gesicht und Ringelschwanz

Vogel

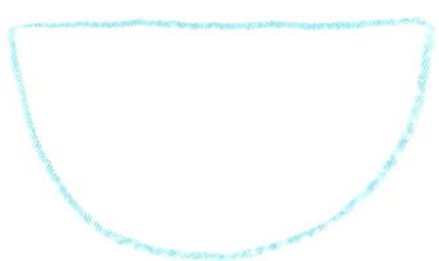

1 Körper

2 Kopf

3 Auge und Flügel

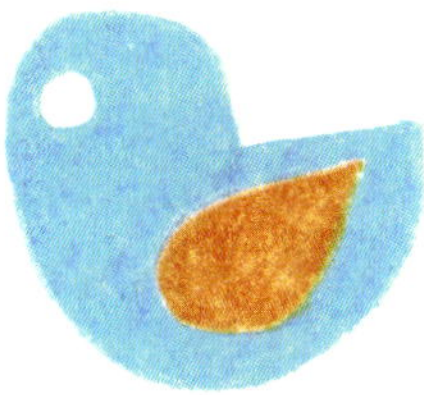

4 ausmalen

5 Schnabel

6 Auge und Beine

Schlange

1 Kopf

2 Körper

3 ausmalen

4 Gesicht und Zunge

5 Muster

Eichhörnchen

1 Kopf

2 Körper

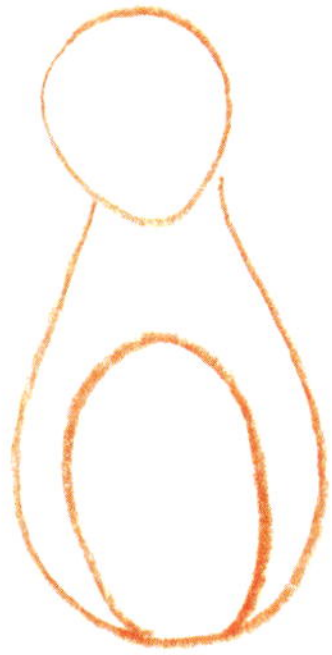

3 Bauch

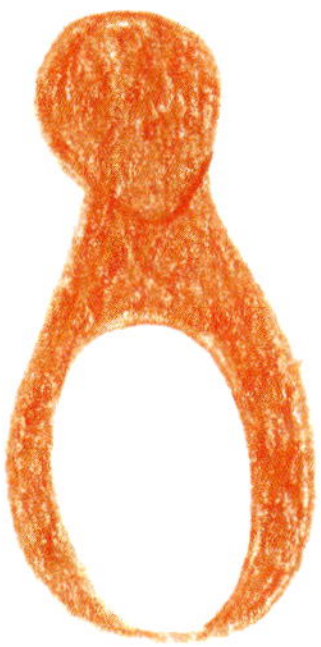

4 ausmalen

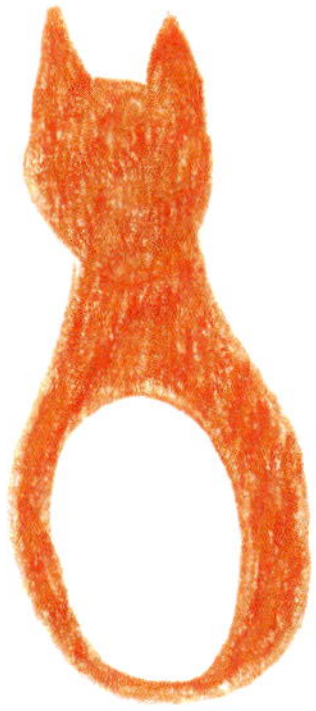

5 Ohren

6 Pfoten

7 Schwanzlinie

8 Puschelschwanz

9 Gesicht, Krallen, Ohrhaare

Stachelschwein

1 Körper

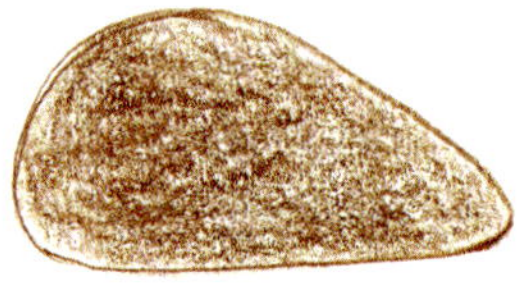

2 ausmalen

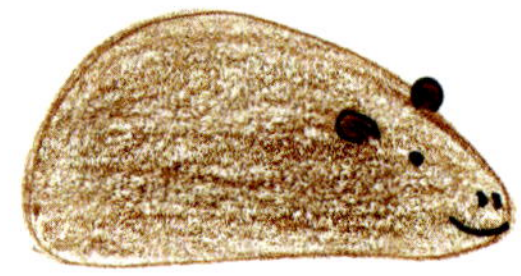

3 Gesicht

4 Füße

5 Krallen

6 Stacheln

7 noch mehr Stacheln und Boden

Raupe

1 Kopf

2 Körper

3 Auge

4 ausmalen

5 Gesicht

6 Füße

7 Härchen

8 Punkte

Ich fresse gerne Blätter!

9 Muster

Flamingo

1 Körper

2 Hals und Kopf

3 ausmalen

4 Auge und Schnabel

5 Schnabel ausmalen, Flügel

6 Beine und Füße

Ratte

1 Kopf

2 Körper

3 Ohren

4 Zähne und Nase

5 ausmalen

6 Gesicht

7 Arme und Beine

8 Schwanz und Striche für das Zottelfell

Schildkröte

1 Panzer

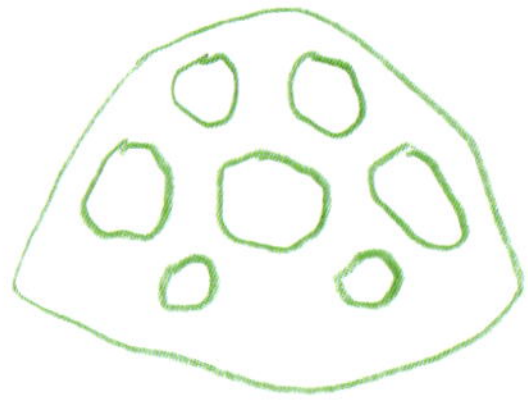

2 Muster

3 ausmalen

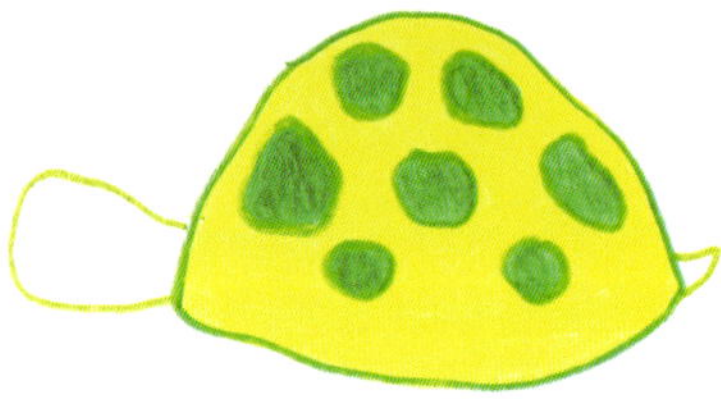

4 Kopf und Schwanz

5 Füße

6 Füße ausmalen

7 Gesicht und Krallen

Katze

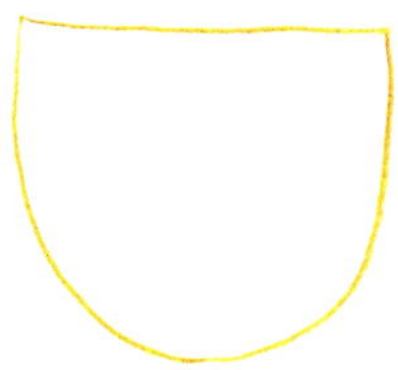

1 Körper

2 Kopf und Hals

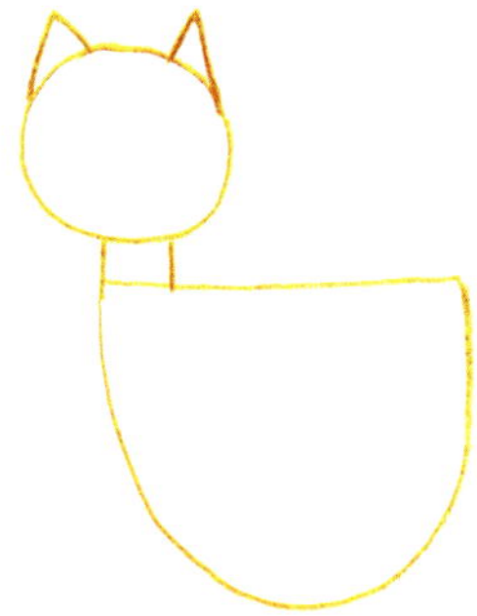

3 Ohren

4 ausmalen

5 Beine und Schwanz

6 Gesicht und Krallen

7 Streifen

Gruseliger Tiefseefisch

1 Kopf

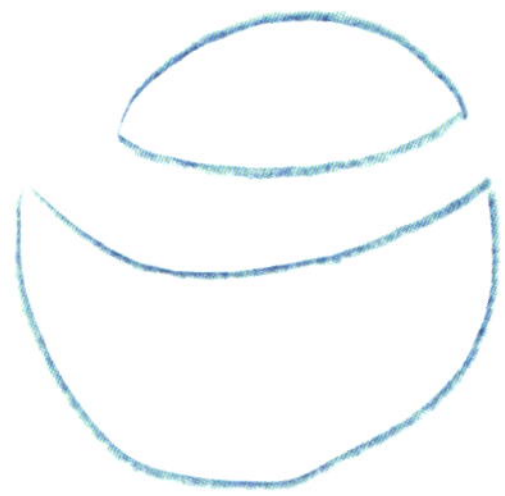

2 Körper

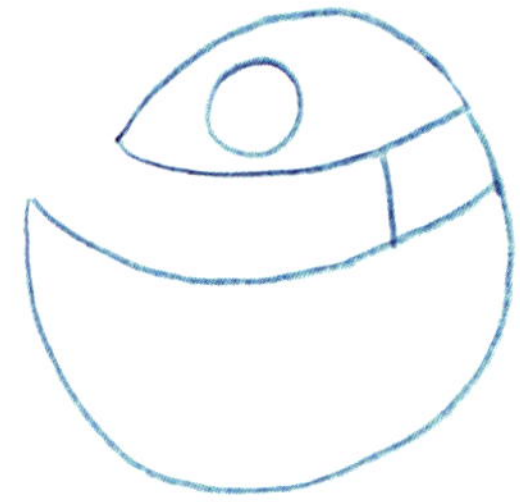

3 Verbindung und Auge

4 ausmalen

5 Auge und Flossen

6 Zacken

7 Zacken ausmalen, Zähne

8 Laterne

Laterne, Laterne, Sonne, Mond und Sterne ...

In der Tiefsee gibt es ganz besondere Fische. Wir zum Beispiel haben eine Angel am Kopf, die leuchtet im Dunkeln!

Koala

1 Kopf

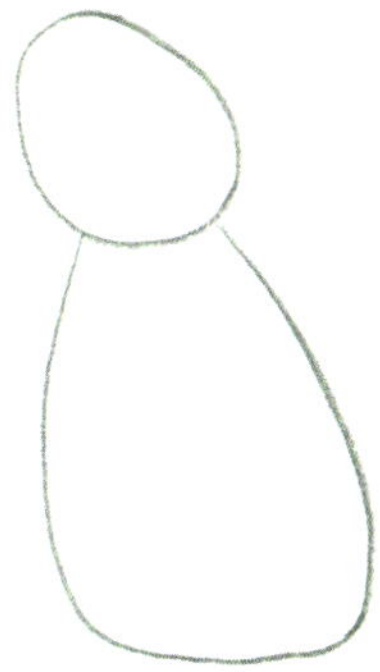

2 Körper

3 Bauch und Ohren

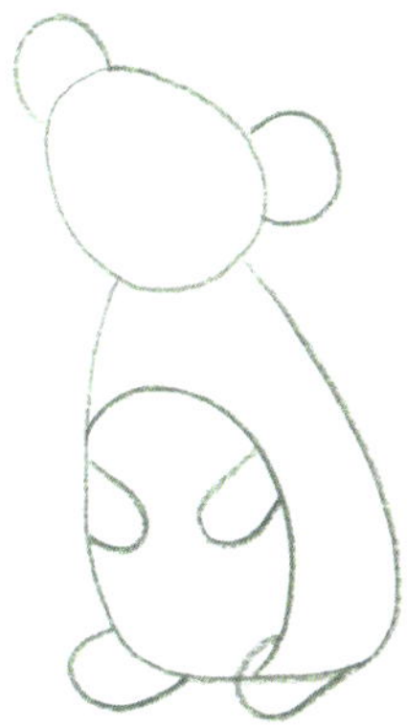

4 Pfoten

5 ausmalen

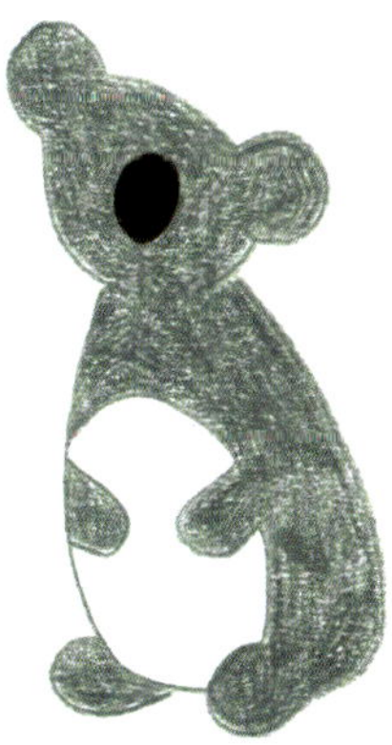

6 Nase

7 Augen und Mund

Ich fresse Eukalyptus.

8 Krallen und Haare an den Ohren

Chamäleon

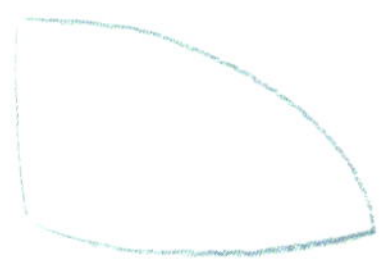

1 Körper

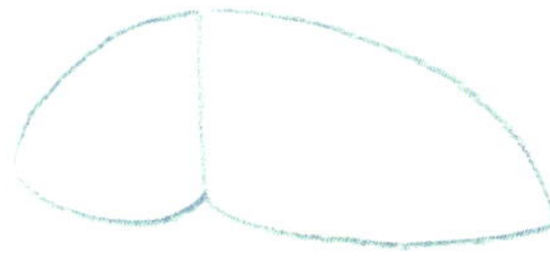

2 Kopf

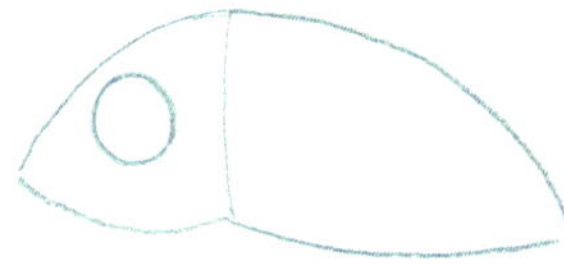

3 Auge

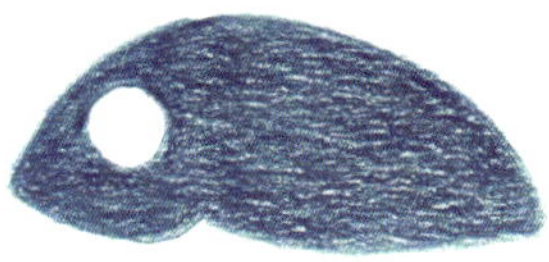

4 ausmalen

5 Füße

6 Zacken

7 Schwanz

8 Gesicht und schwarze Zacken

9 Zunge und Fliegen

Hase

1 Kopf

2 Körper

3 Ohren

4 Arme und Beine

5 ausmalen

6 Gesicht

7 Schnurrhaare und Krallen

Kuh

1 Schnauze

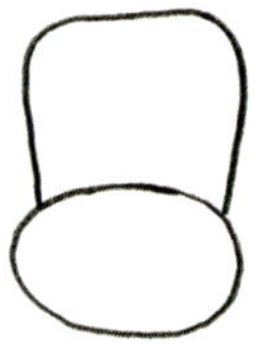

2 Kopf

3 Hörner und Ohren

4 Gesicht

5 Körper

6 Beine

7 Schwanz

8 Kuhflecken

Ziege

1 Kopf

2 Körper

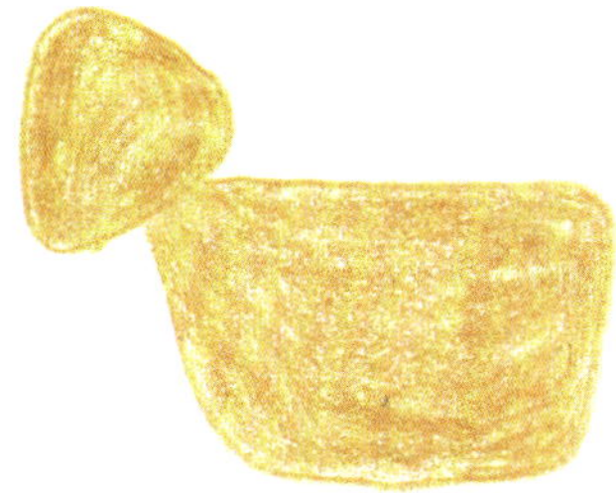

3 ausmalen

4 Gesicht

5 Ohren und Hörner

6 Beine

7 Ziegenbart und Schwanz

Elefant

1 Körper

2 Beine

3 Rüssel

4 Auge und Ohr

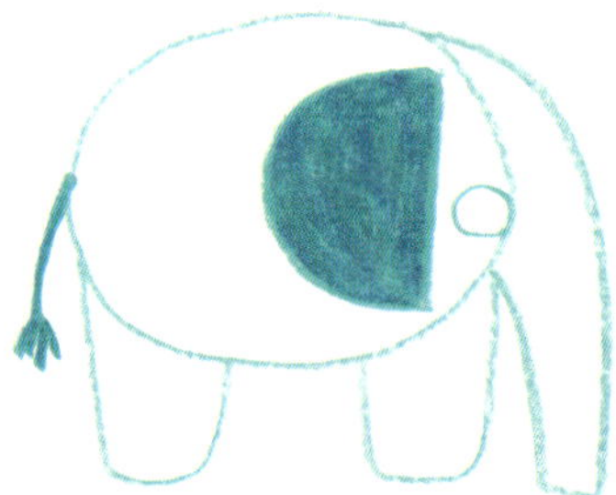

5 Schwanz, Ohr ausmalen

6 Körper ausmalen, Auge

7 Rüsselfalten

Hund

1 Kopf

2 Schnauze

3 Ohren

4 Körper

5 ausmalen

6 Schwanz und Füße

7 Gesicht

Krokodil

1 Körper

2 Augen und Nasenlöcher

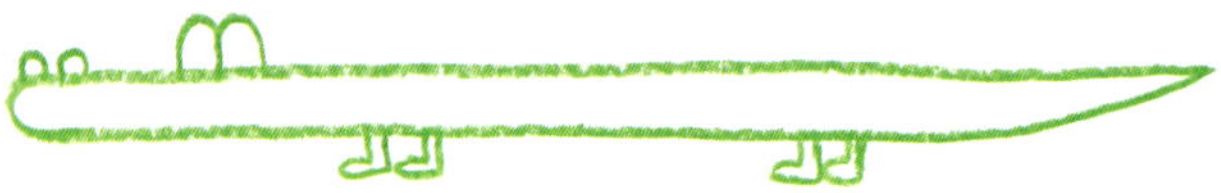

3 Füße

4 ausmalen

5 Zacken

6 Augen, Nasenlöcher und Zähne

Bär

1 Körper

2 Ohren

3 Beine

4 Arme und Schnauze

5 ausmalen

Ich esse gerne Honig!

6 Gesicht und Krallen

7 Fell

Hirsch

1 Kopf

2 Körper

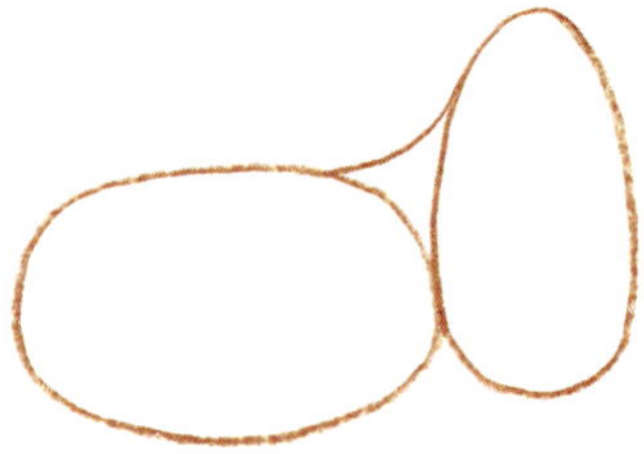

3 Hals

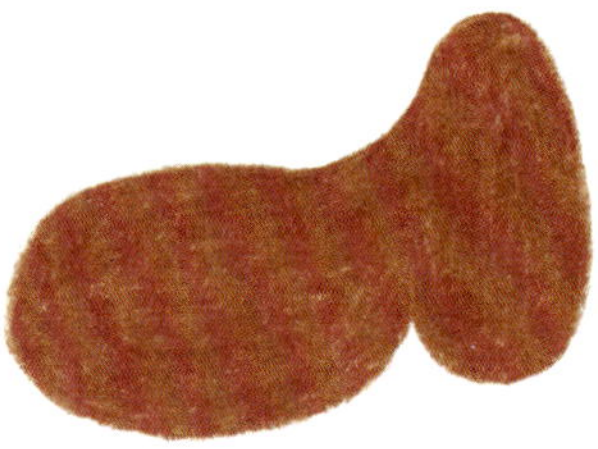

4 ausmalen

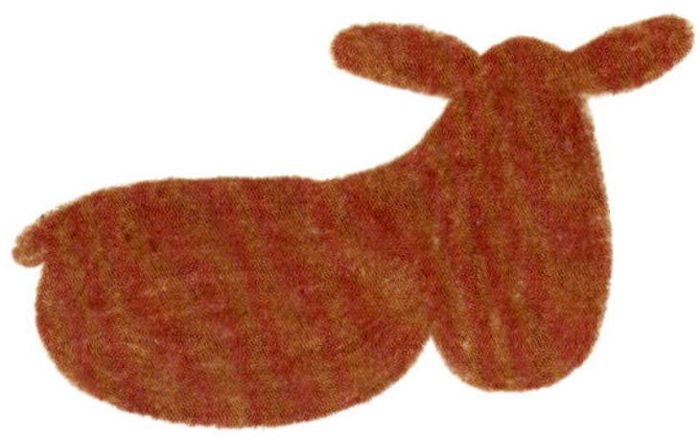

5 Ohren und Schwanz

6 Beine

7 Gesicht

8 Geweih

Ich lebe im Wald!

Mit einer roten Nase werde ich zu einem weihnachtlichen Rentier!

Esel

1 Körper

2 Hals

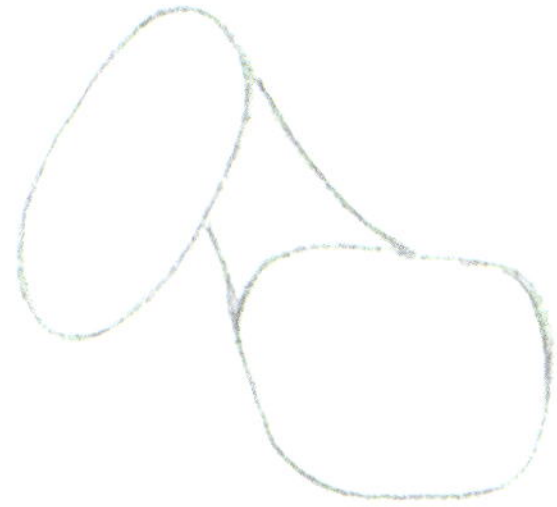

3 Kopf

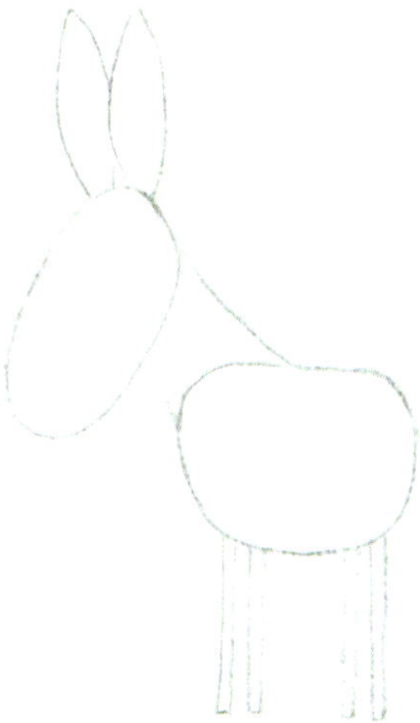

4 Ohren und Beine

5 Augen und Maul

6 ausmalen

7 Gesicht, Innenohren und Hufe

8 Mähne und Schwanz

Fuchs

1 Kopf

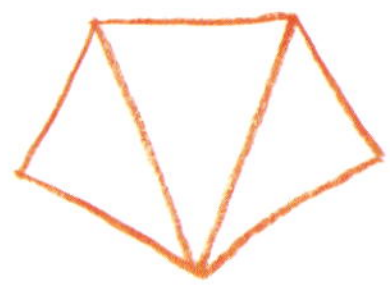

2 Bart

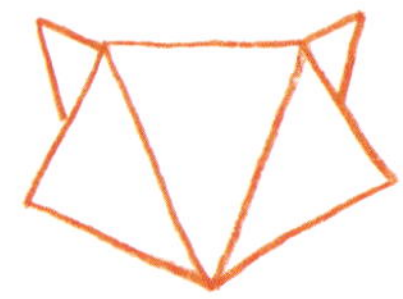

3 Ohren

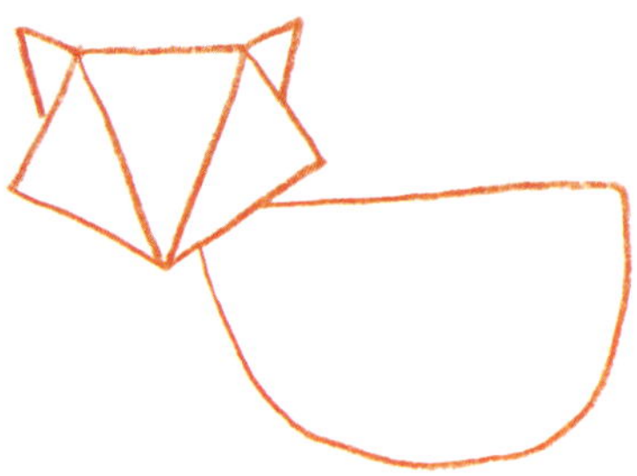

4 Körper

5 ausmalen

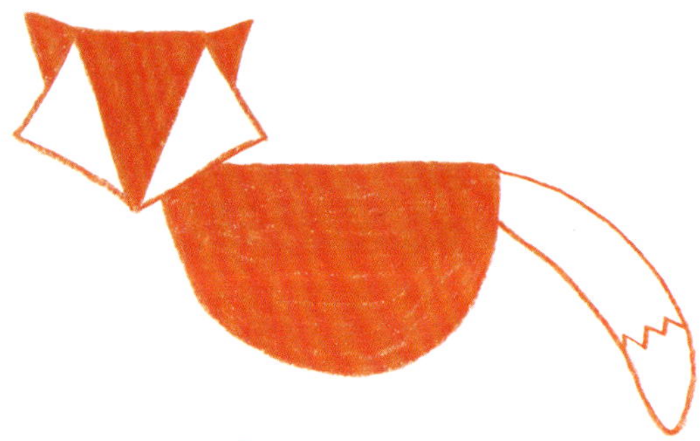

6 Schwanz

7 Schwanz ausmalen

8 Gesicht und Beine

Käfer

1 Kopf

2 Körper

3 Flügel und Augen

4 ausmalen

5 Fühler, Augen und Mundwerkzeuge

6 Beine

Tintenfisch

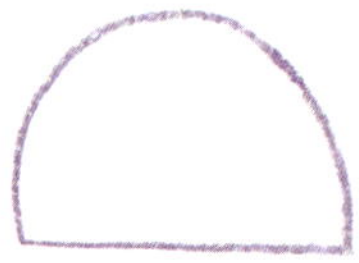

1 Körper

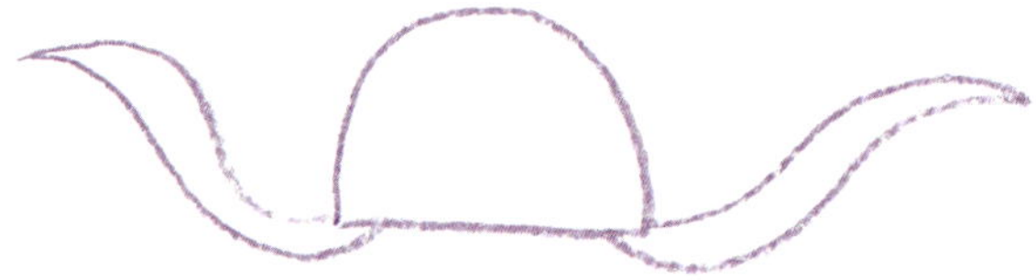

2 Tentakel

3 noch mehr Tentakel

4 ausmalen

Mein Zuhause ist der Ozean!

5 Gesicht

6 Saugnäpfe

Krebs

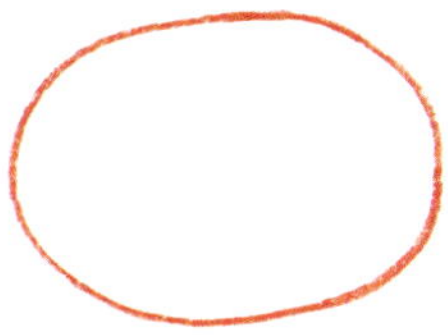

1 Körper

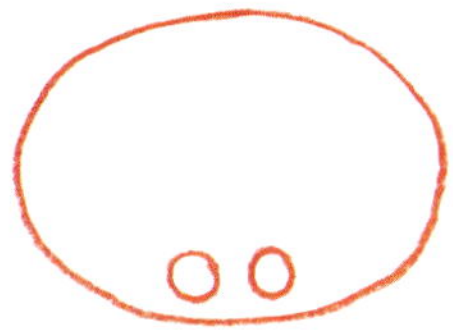

2 Augen

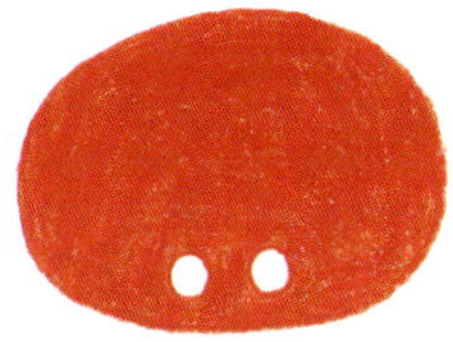

3 Körper ausmalen

4 Scheren

5 Scheren ausmalen

6 Beine

7 Gesicht

Ich laufe seitwärts!

Pfau

1 Körper

2 ausmalen

3 Kopf

4 Füße

5 viele Kreise

6 Innenpunkte

Ich bin der Schönste hier!

7 Striche

Papagei

1 Körper

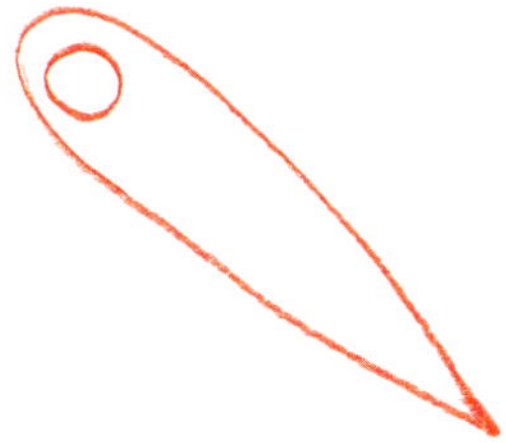

2 Auge

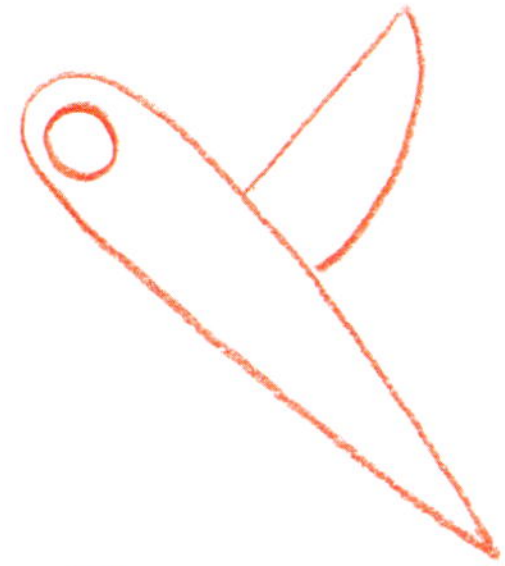

3 erster Flügel

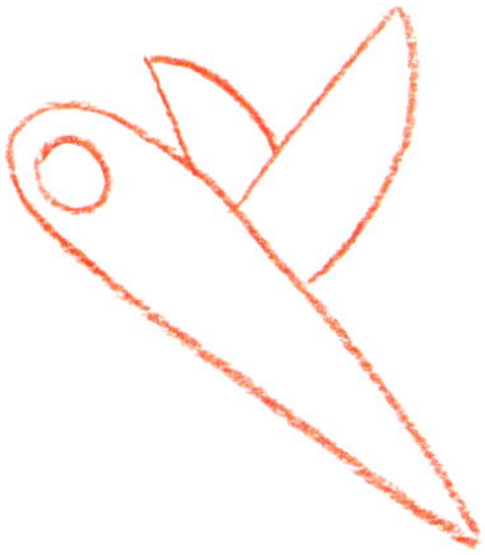

4 zweiter Flügel

5 ausmalen

6 Schnabel und Auge

7 Krallen

8 Flügelfedern

9 Schwanzfedern

Waschbär

1 Körper

2 Arme und Beine

3 ausmalen

4 Augen und Ohren

5 Maske

6 Maske ausmalen, Nase, Schnurrhaare

7 Schwanz

8 Streifen

Wal

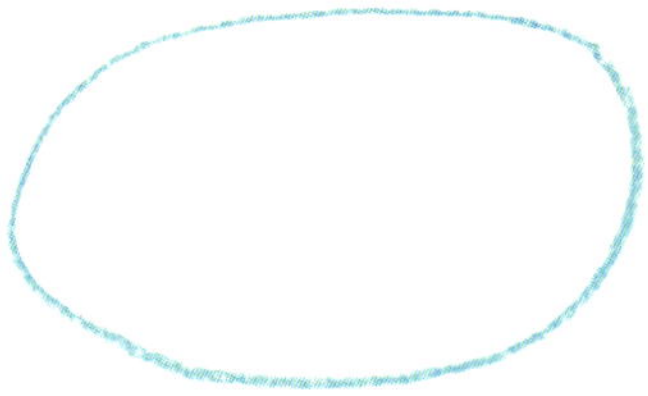

1 Körper

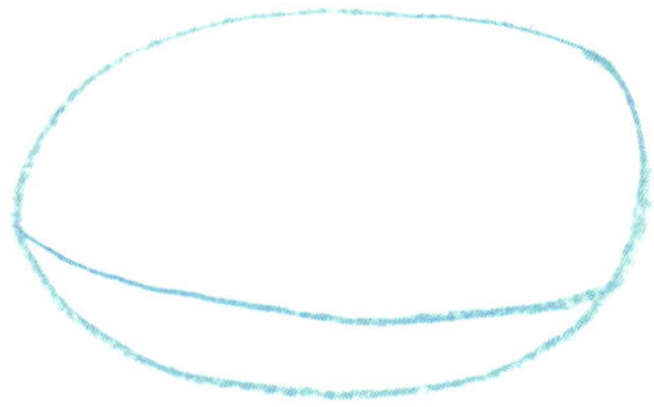

2 Bauch

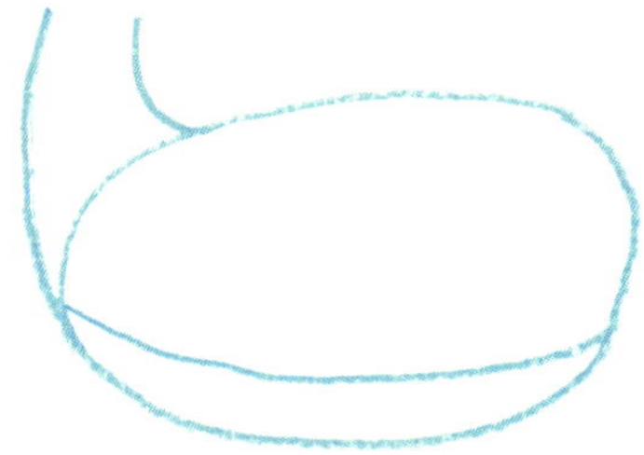

3 Schwanz

4 Schwanzflosse

5 ausmalen und Striche

6 Gesicht

7 Blasloch und Wasser

Schmetterling

1 Körper

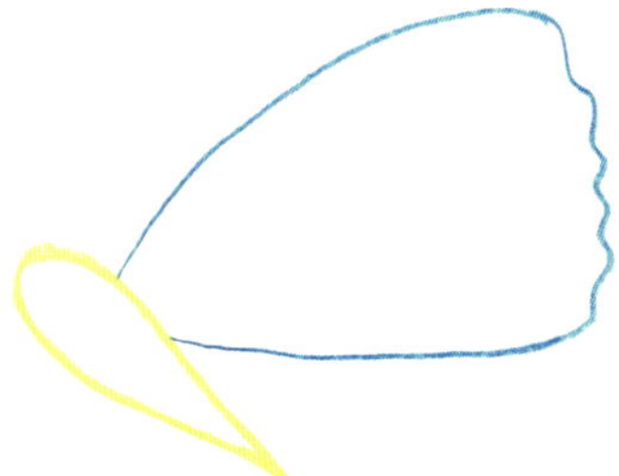

2 großer Flügel

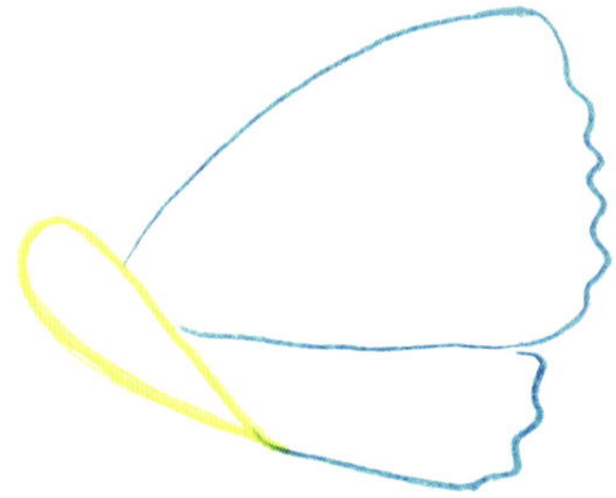

3 kleiner Flügel

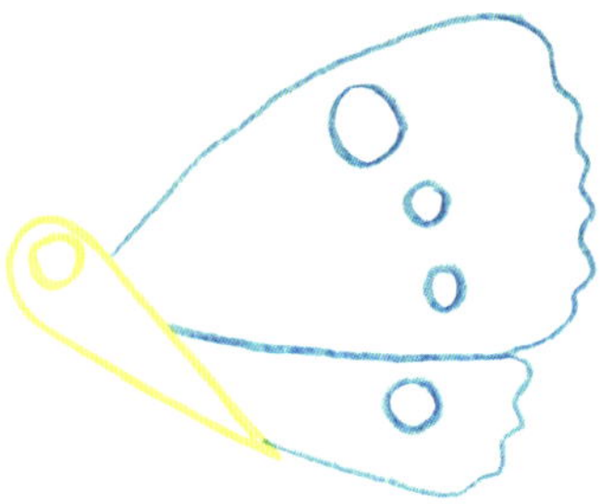

4 Auge und Kreise

5 ausmalen in Gelb und Blau

6 ausmalen in Hellgrün

7 Gesicht, Fühler und Streifen

Du brauchst nur zwei Farben, um unsere Flügel auszumalen. Male mit der hellgrünen Farbe fest über einen Teil der Blau und schau, was passiert!

Ich war mal eine Raupe.

8 Beine

Hummel

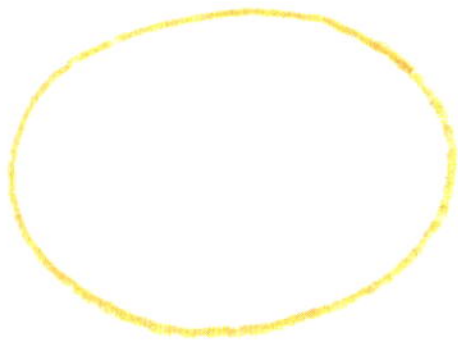

1 Körper

2 Augen

3 ausmalen

4 Streifen und Stachel

5 Gesicht und Fühler

6 Flügel

7 Flügelmuster

8 Beine

Schaf

1 Kopf

2 Körper

3 ausmalen

4 Gesicht

5 Ohren und Kopfflaum

6 Beine

7 Fell und Hufe

Igel

1 Körper

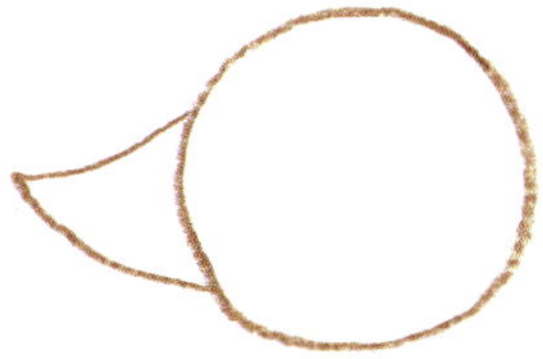

2 Schnauze

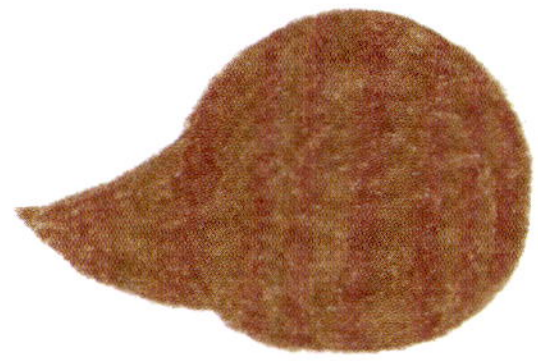

3 ausmalen

4 Stacheln

5 mehr Stacheln

6 Beine

7 Gesicht

Pony

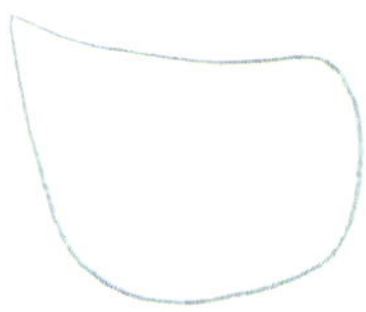

1 Körper

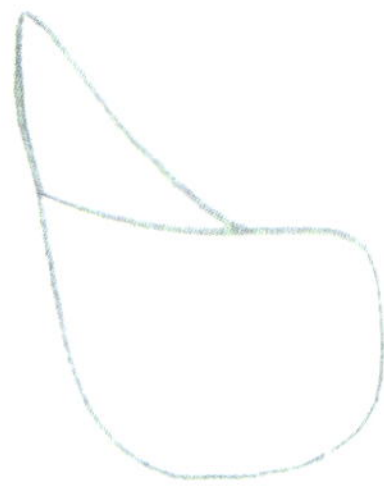

2 Hals

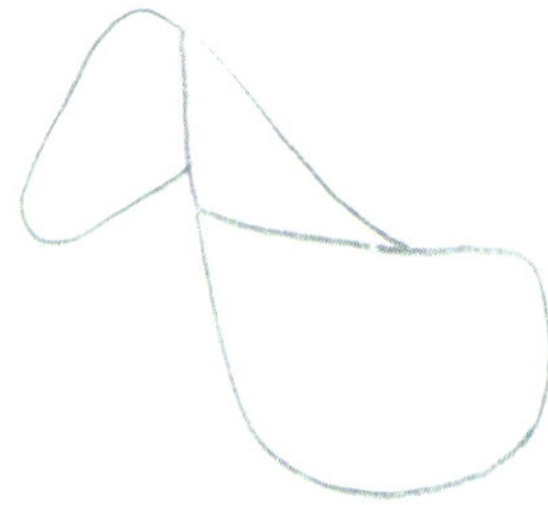

3 Kopf

4 Ohren, Blesse und Beine

5 ausmalen

6 Mähne und Schweif

7 ausmalen

8 Gesicht, Hufe und Punkte

Leopard

1 Kopf

2 Körper

3 Ohren und Beine

4 Tatzen und Schwanz

5 ausmalen

6 Gesicht und Krallen

7 Innenohren und Punkte

8 Muster und Schnurrhaare

Lama

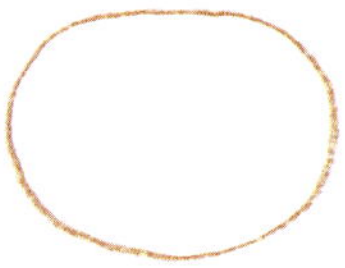

1 Bauch

2 Hals und Kopf

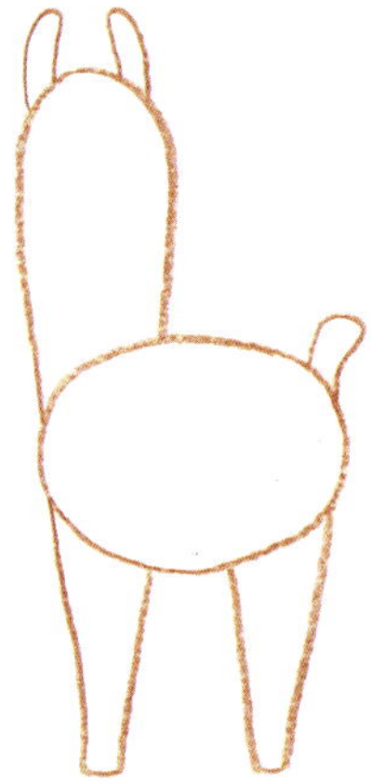

3 Beine und Schwanz

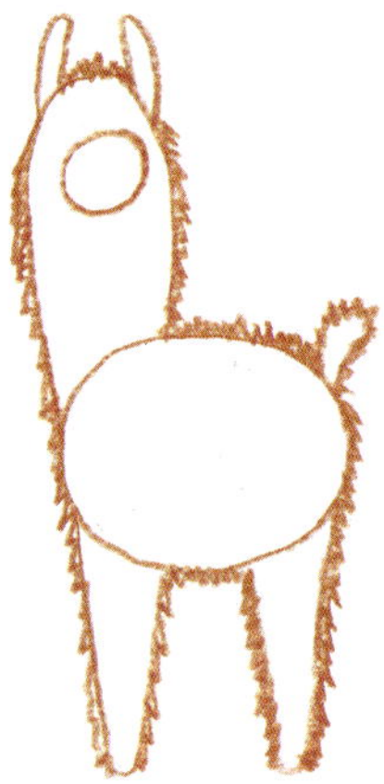

4 Fell und Schnauze

5 ausmalen

Ich kann weit spucken!

6 Gesicht und Füße

Faultier

1 Kopf

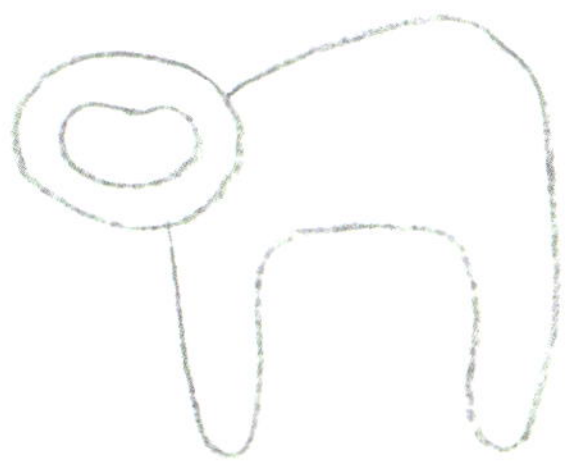

2 Körper

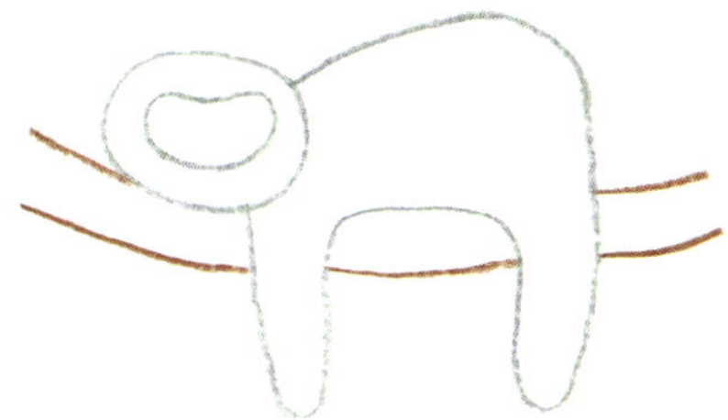

3 Ast

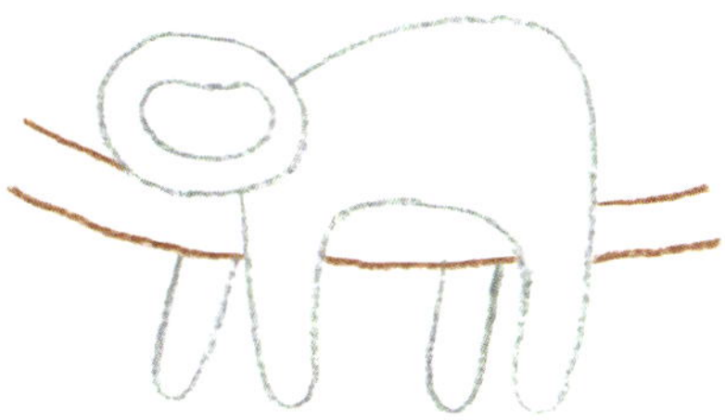

4 Beine

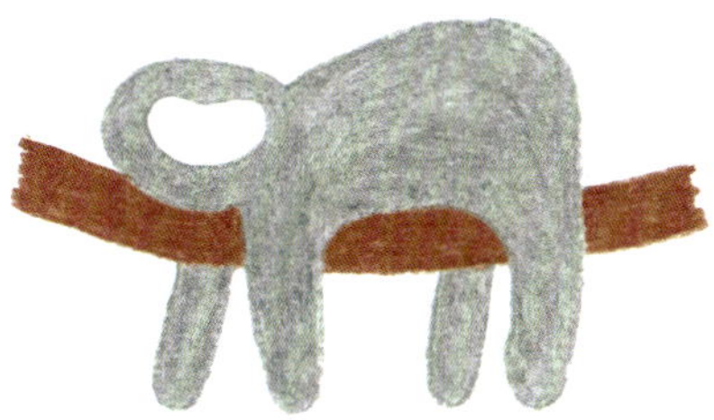

5 ausmalen

6 Maske, Nase, Mund

7 Maske ausmalen und Augen

8 Fell, Flaum und Krallen

Weiße Tiere

Wenn du weiße Tiere malen möchtest, dann benutze doch einfach mal buntes Papier oder Packpapier! Zum Zeichnen brauchst du natürlich einen weißen Buntstift.

Denk dran:
Bunte Papiere +
weißer Stift, denn
Weiß auf Weiß – das
sieht man nicht!

Weißer Hahn

1 Körper

2 Hals

3 ausmalen

4 Gesicht und Kamm

5 Flügel und Füße

6 bunte Schwanzfedern

Zebra

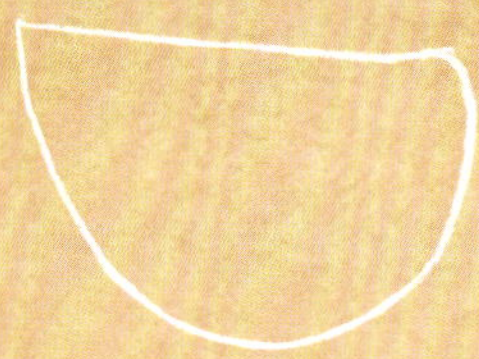

1 Körper

2 Hals

3 Kopf

4 ausmalen

5 Beine, Ohren und Schwanz

6 Gesicht und Schwanzhaare

7 Mähne und Hufe

8 Streifen

Schneeeule

1 Körper
2 Gesicht
3 ausmalen
4 Augen
5 Augen und Nase ausmalen
Schuhuh!
6 Pupillen und Krallen

Gans

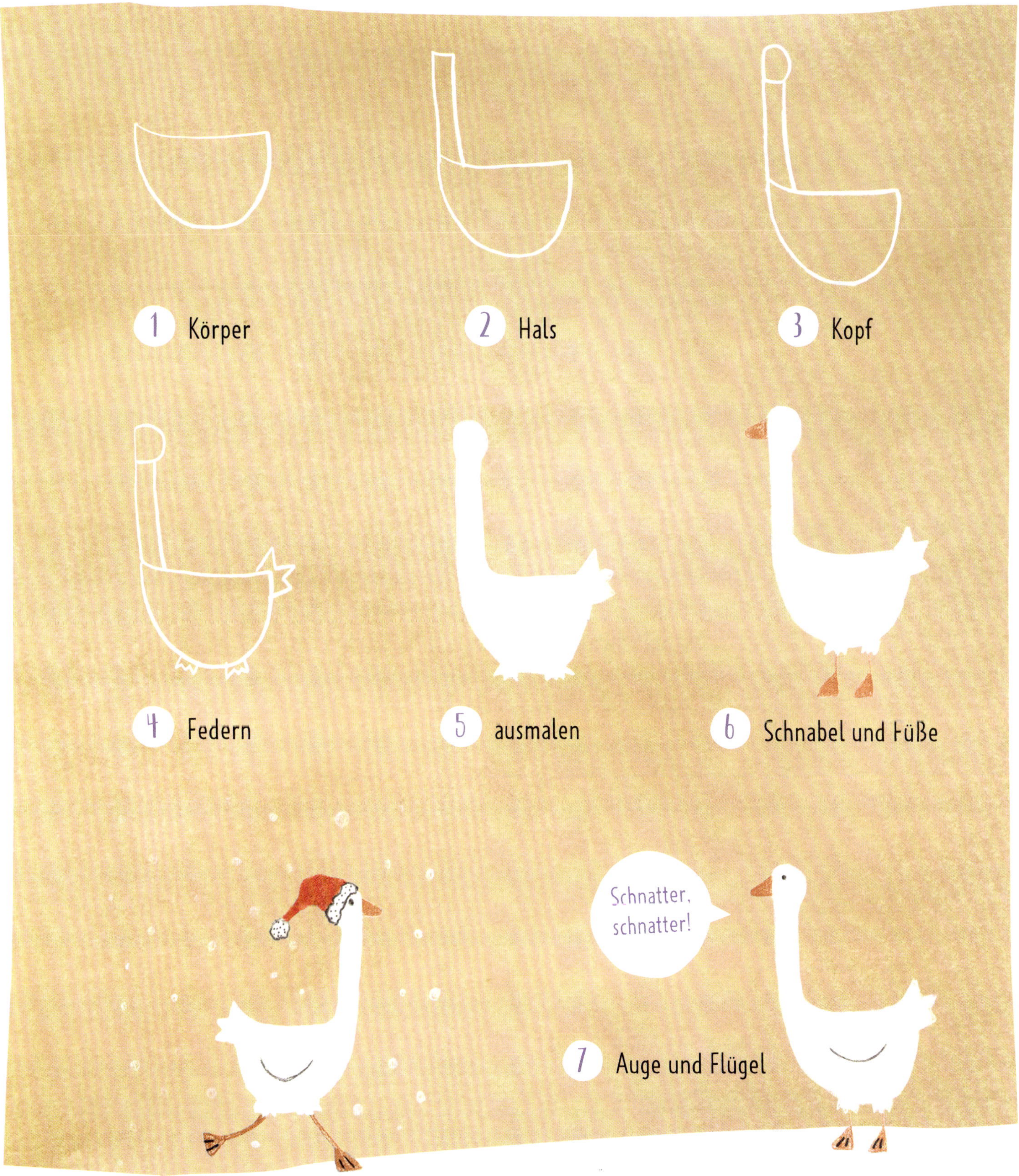
1 Körper
2 Hals
3 Kopf
4 Federn
5 ausmalen
6 Schnabel und Füße
Schnatter, schnatter!
7 Auge und Flügel

Die Autorinnen

Silke Janas und Anna Wagner leben und arbeiten als freischaffende Künstlerinnen und Kunstpädagoginnen in Gießen. 2017 gründeten sie das Papeterielabel „Schnipselkunst". Deutschlandweit bieten sie seitdem Workshops für Kindergruppen an. Silke zeichnet viel mit Kindern in ihrer eigenen Malschule „KreativRaum" und Anna zeichnet gerne mit ihren Schülerinnen und Schülern an der Förderschule. Von der jahrelangen Erfahrung in der Arbeit mit Kindern profitieren die praxisnahen Anleitungen des Buches. 2019 gewannen Silke und Anna mit dem vorliegenden Werk „Mein erster Zeichenkurs" den Jugendsachbuchpreis. Mehr von Silke und Anna erfahrt ihr unter www.schnipsel-kunst.de und www.malschule-giessen.de

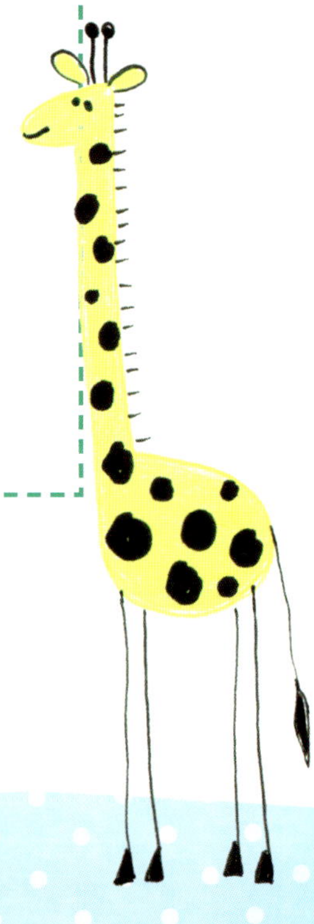

Noch mehr schöne Bücher!

9,99 € (D)
10,30 € (A)

Mein erster Zeichenkurs – Fantastische Wesen: Einhorn, Drache, Meerjungfrau und Co.
Supereinfach zeichnen nach Bildern – Mit Schritt-für-Schritt-Anleitungen

ISBN 978-3-96093-886-6

12,00 € (D)
12,40 € (A)

Erstes Basteln – Das Bastelbuch für Kinder ab 2 Jahren
Mit vielen Bildern und einfachen Schritt-für-Schritt-Anleitungen

ISBN 978-3-7459-2661-3

4,99 € (D)
5,20 € (A)

Squishy, Schleim & Knete – Knautsch-Spielzeuge selber machen
Über 35 kinderleichte Projekte – Jeder Schritt mit Foto

ISBN 978-3-96093-235-2

10 € (D)
10,30 € (A)

Falten, Schneiden, Fertig! – Rund ums Jahr
Mit 88 Motiv-Papieren und aufgedruckten Faltlinien für 16 Modelle

ISBN 978-3-7459-1754-3

Impressum

Bibliografische Information der Deutschen Bibliothek.

Die Deutsche Bibliothek verzeichnet diese Publikation in der Deutschen Nationalbibliografie.Detaillierte bibliografische Daten sind im Internet über http://www.dnb.de/ abrufbar.

Bei Fragen zur Produktsicherheit wenden Sie sich an

Edition Michael Fischer GmbH
Kistlerhofstr. 70
81379 München
kontakt@emf-verlag.de

EIN BUCH DER EDITION MICHAEL FISCHER

8. Auflage 2026

Covergestaltung: Anna Obermüller
Layout: Verena Raith
Satz: Mirjam Oppelt, Verena Raith
Redaktion und Lektorat: Charlotte May und Ina Luers

ISBN 978-3-7459-1652-2

www.emf-verlag.de